뜨거운 마음으로 조국의 독립을 소망했던
소년 김용창(1926. 8. 3.~1945. 4. 3.)에게
이 책을 바칩니다.

낙서 독립운동

소년 김용창의 뜨거운 외침

한영미 글 · 허구 그림

산하

차례

달빛 7

물 위에 쓴 글자 15

꿈을 찾아 31

경성의 봄 53

조선인들이여, 보라!   63

벽에 새긴 독립운동   75

지워지지 않은 글자   85

글쓴이의 말_
달리는 소년, 김용창   94

해가 설핏 기울고 있습니다.
또 하루가 지나가나 봅니다.
달빛이 쇠창살 사이로 들어와 나를 비춥니다.
고향집 산 위에도 저 달이 떠 있겠지요.
우리 집이 그립습니다.

아버지가 지게 지고 들어서시던 삐걱 대문과
해거름까지 동생들과 뛰놀던 앞마당,
어머니가 애지중지 아끼시던 울타리 옆 장독들도 보고 싶습니다.

학교 갈 때 건너던 관리천의 징검다리와
철마다 오르내리던 유봉산이 눈에 선합니다.
칠흑 같은 어둠에서 벗어나 고향집 갈 날을 기다립니다.
'곧 볼 수 있을 거야. 아버지가 찾아오시겠지.'
마음속으로 이 말을 수백 번 되뇌입니다.
하지만 간수들의 발자국 소리만
드문드문 울리다가 멀어질 뿐입니다.

쇠창살 사이로 들어오는 달빛이 포근합니다.
달빛이 내 몸을 녹이고 굳어 버린 내 손을 데워 줍니다.
버릇처럼 손가락을 오므려 보는데,
그날의 기억이 귓가에 속삭입니다.
　　　조선 독립 만세!
　　　조선 독립 만세!
이 소리가 점점 커다란 외침으로 울려옵니다.
이 외침이 나를 흔들어 깨웁니다.

가까스로 눈을 떠 보니, 저 앞에 내 뒷모습이 보입니다.
내가 벽에다 글자를 쓰고 있습니다.

나는 어두운 골목 안으로 달려갑니다.
구불구불 이어지는 벽을 따라 골목을 지나면
또 다른 골목이 나옵니다.
길이 끝없이 이어지고 나는 숨이 턱까지 차오릅니다.
　　　　쿵쾅쿵쾅 내 심장 소리가 골목을 가득 채웁니다.

이 골목 저 골목에서 일본 경찰들이 나타나
지친 나를 잡으려고 합니다.
　　　경찰들의 발자국 소리가 바짝바짝 조여 옵니다.
그래도 나는 힘껏 뛸 수 있을 것 같습니다.

물 위에 쓴 글자

나는 관리천 둑길을 뛰었습니다.
관리천은 우리 마을 앞을 흐르는 냇물이에요.

크고 작은 다른 물줄기들과 만나 저 멀리 서해까지 가지요.
오늘도 나는 관리천을 건너 학교에 갔다가,
지금은 집으로 돌아가는 길이랍니다.

발걸음을 뗄 때마다 어깨에 둘러멘 책보가 탁탁 등을 쳤어요.
책보가 느슨해졌지만 나는 고쳐 맬 생각이 없었어요.
발에 밟히는 마른 풀들이 파삭파삭 소리를 냈어요.
나는 그 소리에만 귀를 기울였어요.
      다른 생각은 떠올리고 싶지 않았지요.
징검다리가 가까워지면서 겨우 발걸음을 늦추었어요.
둑 아래로 내려가 동글납작한 돌멩이를 하나 주워서,
화풀이라도 하듯 물잔등으로 힘껏 던졌어요.

톡, 톡, 톡.
물수제비가 떠졌어요.
돌멩이가 튕기는 자리마다 새겨진 물결 자국이 곧 지워지고,
아무 일 없었다는 듯 냇물은 무심코 흘러갔어요.
어쩐지 그런 게 좋아서 나는 물가에 더 가까이 다가갔어요.
　　　　발밑에서 살얼음이 빠드득빠드득 소리를 내며 부서졌어요.
나는 쪼그리고 앉아서 냇물에 손을 담갔어요.
　　　　　　　　　"으, 차가워!"

하지만 이 정도는 참을 수 있었어요.
나는 물 위에다 손가락으로 글자를 썼어요.
하나, 둘, 셋, 넷, 다섯.
"호~ 호~"
시린 손가락에 입김을 쐬고 또 글자를 썼어요.
여섯, 일곱, 여덟, 아홉······.

그때, 등 뒤에서 마른 풀을 밟는 소리가 들렸어요.
나는 흠칫 놀라 흐르는 물결을 손바닥으로 쓸었어요.
혹시라도 내가 썼던 글자가 남아 있을까 봐 겁이 났거든요.

다행히도 느티나무 집 할아버지였어요.
할아버지는 얼마 전에 막내아들을 빼앗겼어요.
우리 마을에 정해진 인원을 채워야 하기에 어쩔 수 없었대요.

일본 군대가 우리나라 젊은이들을 전쟁터로 내몬 거예요.
한번 끌려가면 좀처럼 돌아오는 사람이 없었기에,
다들 안 보내고 싶어 했어요.

느티나무 집 할아버지도 마찬가지였을 거예요.
그러니 밤이 되면 냇가에 나와 남몰래 운다는 소문이 돌았겠지요.
"왜 이리 시무룩하게 앉아 있누? 동무도 없이……."
할아버지가 내 옆으로 다가와 앉으셨어요.
"……."
나는 대답 대신 아랫입술을 깨물었어요.
"무슨 걱정이 있누?"
나는 할아버지께 오늘 학교에서 있었던 일을 털어놓았어요.
"국어 시간이었어요."
내가 이렇게 입을 열자 할아버지가
흠, 하고 헛기침 소리를 내셨어요.
국어라는 말이 거슬렸기 때문일 거예요.

돌아가면서 책을 읽는데, 순이가 잘 못 읽었어요.
순이는 일본어에 서툴러서 국어 시간이 가장 싫다는 아이예요.
그런데 하필 발음이 어려운 9와 10이 연달아 나오는 바람에
머뭇머뭇했어요.
일본인 선생님은 아직도 일본어를
제대로 못 하냐고 호되게 야단을 쳤어요.
아이들이 모두 입을 꼭 다물었어요.
혼잣말이라도 우리말로 하게 될까 봐 겁이 났거든요.
"일본인 선생님은 우리말을 한 마디도 못 하게 해요."
　　　　　"일본말을 국어라고 가르치더니, 이젠 얼떨결에
　　　　　나오는 소리까지 단속하는구나."
할아버지는 냇물이 흘러가는 먼 곳을 바라보셨어요.

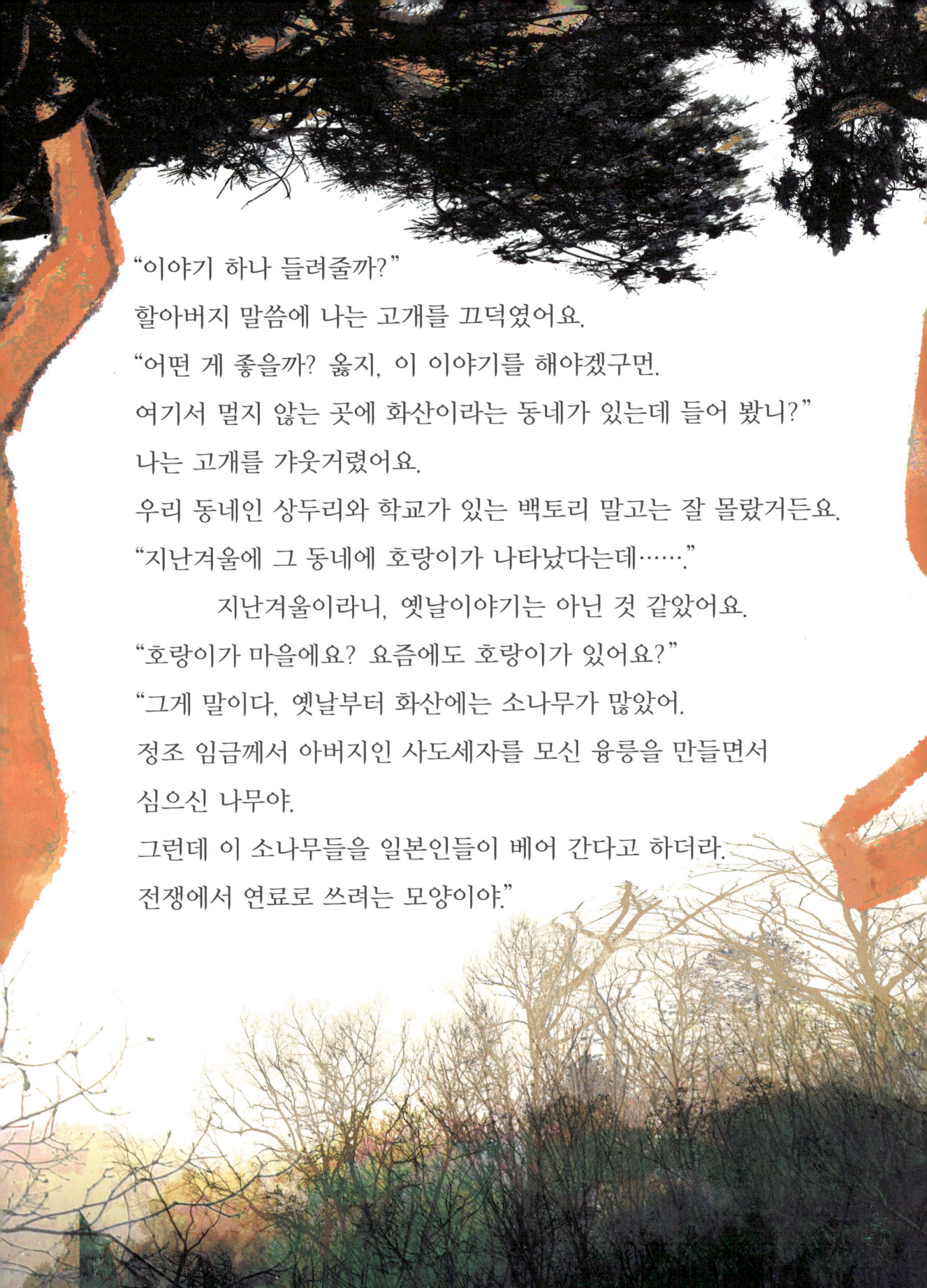

"이야기 하나 들려줄까?"
할아버지 말씀에 나는 고개를 끄덕였어요.
"어떤 게 좋을까? 옳지, 이 이야기를 해야겠구먼.
여기서 멀지 않는 곳에 화산이라는 동네가 있는데 들어 봤니?"
나는 고개를 갸웃거렸어요.
우리 동네인 상두리와 학교가 있는 백토리 말고는 잘 몰랐거든요.
"지난겨울에 그 동네에 호랑이가 나타났다는데……."
지난겨울이라니, 옛날이야기는 아닌 것 같았어요.
"호랑이가 마을에요? 요즘에도 호랑이가 있어요?"
"그게 말이다, 옛날부터 화산에는 소나무가 많았어.
정조 임금께서 아버지인 사도세자를 모신 융릉을 만들면서
심으신 나무야.
그런데 이 소나무들을 일본인들이 베어 간다고 하더라.
전쟁에서 연료로 쓰려는 모양이야."

우리나라 젊은이들을 전쟁터로 끌고 가는 것도
모자라서, 귀한 소나무까지 마구 베어 가다니…….
나는 차마 할아버지 얼굴을 보지 못했어요.
"아름드리나무들을 싹 베어 가고 나면 곧 민둥산이 될 거다."
"호랑이한테는 산이 집이잖아요.
그럼 호랑이 집을 빼앗는 거네요."
"그렇지. 그래서 동네 아이들이 호랑이 발자국을
일본인 집 앞과 동네 곳곳에 찍어 놓았대."

"호랑이 발자국을 어떻게요?"
"솔방울 세 개를 모아 쥐고 눈 위에 찍었다지.
그걸 보고 일본인들이 이리 뛰고 저리 뛰고 난리였다는구나."
"그래서 소나무 베어 가는 일을 멈췄나요?"
"아니, 아직. 화산에 있는 소나무란 소나무는 다 베어 갈 것 같다."
할아버지 말씀을 들으면서 나는 누런 풀잎들을 잡아 뜯고
있었어요.
말라붙어 힘이 없는 풀잎들이 바람에 풀풀 흩어졌어요.

일본은 우리 고유 문화를 없애려고 했습니다.
일본 사람과 우리나라 사람이 하나라고 우겼고,
학교에선 일본어가 국어라고 가르쳤어요.
내가 졸업할 무렵부터 이런 억지가 부쩍 심해졌어요.
신사참배와 궁성요배도 해야 했어요.
신사참배란 일본의 조상과 왕을 모시는 신사에 절하는 것이고,
궁성요배란 아침마다 일본 천황이 사는 궁을 향해 절하는 거예요.

날마다 황국신민서사라는 것도 외웠어요.
"나는 대 일본 제국의 신민이다.
나는 마음을 합해 천황 폐하께 충의를 다한다.
나는 인고 단련하여 훌륭하고 강한 국민이 된다."
우리 반 아이들 모두 이런 글을 외웠어요.
언제든, 어디서든, 시키기만 하면
바로 튀어나올 수 있도록 단단히 외웠어요.
학교 조회나 운동회, 입학식이나 졸업식 같은 행사에서도
크게 소리를 내어 외웠어요.

1937년 3월 25일, 나는 향남보통학교를 졸업했습니다.
그때에는 초등학교를 보통학교라고 불렀어요.
중학교 입학시험도 보았어요.
합격 통지서를 받았지만, 이런 기쁜 소식을 부모님께
말씀드릴 수가 없었어요.

부모님은 하루 종일 들에서 일하셨어요.
우리 논밭이 없어서 남의 땅을 빌려 농사를 지었는데,
가을걷이한 곡식 가운데 절반 이상을 주인에게 줘야 했어요.
부모님은 뙤약볕 아래에서 허리 펼 새 없이 일하셨지만,
우리 아홉 남매를 키우는 것이 막막했어요.
그래서 부모님은 더 많은 일을 해야 했어요.
어둑한 새벽과 깊은 밤에는 가마니를 짜서 팔았고,
반나절이라도 틈이 나면 일손이 필요한 집을 찾아다녔어요.
쇠꼴을 베어다 주기도 하고, 두엄 치우는 일도
마다하지 않았지요.

그렇게 힘겹게 일해도 우리는 밥을 굶는 날이 많았어요.
갓 베어 풋내가 나는 날보리로 끼니를 때울 때도 있었어요.
우리가 두 손을 꽃봉오리처럼 오므리면,
어머니가 그 안에 날보리를 한 움큼씩 넣어 주었어요.
나는 동생들에게 탈나지 않게 먹는 방법을 가르쳐 주었지요.
"보리쌀을 입에 넣고 침으로 충분히 불린 다음,
죽처럼 흐물흐물해질 때까지 꼭꼭 씹어야 해."
이렇게 단단히 일러 주어도, 급하게 삼키는 바람에 어린 동생들은
배앓이를 하곤 했어요.

아무리 생각해 보아도 중학교 진학보다는
　　　　어린 동생들을 돌보는 일이 더 중요했어요.
　　　나는 아홉 남매 가운데 맏이니까요.
'배움의 기회는 언젠가 꼭 올 거야.'
나는 이렇게 마음을 달래야 했어요.
　　　　부모님이 일하러 가시면 나는 산으로 나무를 하러 갔어요.
　　　어느 집이나 땔나무는 늘 필요했어요.
음식을 끓이거나 방을 따뜻하게 데우려면 불을 때야 하니까요.
언제나처럼 땔나무를 한 지게 지고 사립문 안으로 들어오는데,
　　　　　　아버지가 와 계셨어요.

"입학통지서 왔느냐?"
아버지가 동네 사람들에게 소문을 들은 모양이었어요.
"중학교는 다음에 갈게요."
나는 몇 날 며칠 다져 먹은 마음을 말씀드렸어요.
"큰아버지 댁 양자가 되면 중학교에 들어갈 수 있어.
큰아버지가 보증인이 되어 주시기로 했다."
이젠 걱정 없다는 듯 아버지가 말씀하셨지만,
그렇게 입학을 한다 해도 학비는 어떻게 하겠어요?
그래서 나는 다시 말씀드렸어요.
"중학교는 나중에 가도 돼요."

그러던 어느 날, 경성에 야간 학교가 있다는 이야기를 들었어요.
낮에는 일을 해서 학비를 벌고,
밤에는 학교에 다닐 수 있다는 거예요.
일본인들은 서울을 경성이라는 이름으로 불렀지요.
내가 경성에서 공부하고 싶어 한다는 소문을 들었는지,
느티나무 집 할아버지가 가끔 불러 주었어요.
그러면 나는 지게를 지고 할아버지 댁으로 갔어요.
"땔나무가 떨어졌구나. 한 지게 부탁한다."
"네, 할아버지."
나는 마른 나뭇가지와 솔잎을 긁어모아 할아버지 댁 나뭇간을 채웠어요.
이것 말고도 나는 이 집 저 집 찾아다니며 일을 해서 조금씩 돈을 모았답니다.

보통학교를 졸업하고 4년쯤 지났을 때예요.
나는 바쁜 가을걷이를 끝내고 부모님께 넌지시 말씀드렸어요.
"경성에 가서 일자리를 구하겠습니다.
공부도 더 해야겠구요."
어머니는 보자기 몇 개를 덧대고 기워서 커다란 보따리를
만들어 주셨어요.
보따리에는 옷가지와 이불,
그리고 그릇 몇 가지를 쌌어요.

드디어 경성으로 떠나는 날이 되었어요.
"나중에 좋은 직장에 취직하면 너희도 공부시켜 줄게."
울먹거리는 동생들을 두고 가는 길이라 발걸음이 무거웠어요.
하지만 가슴속은 희망으로 가득 부풀어 올랐어요.
열심히 일하고 부지런히 공부하면,
무슨 일이든 다 이룰 수 있을 것 같았거든요.
상두리에서 수원역까지 60리 길을 걸어서 갔고,
거기부터는 기차를 탔지요.

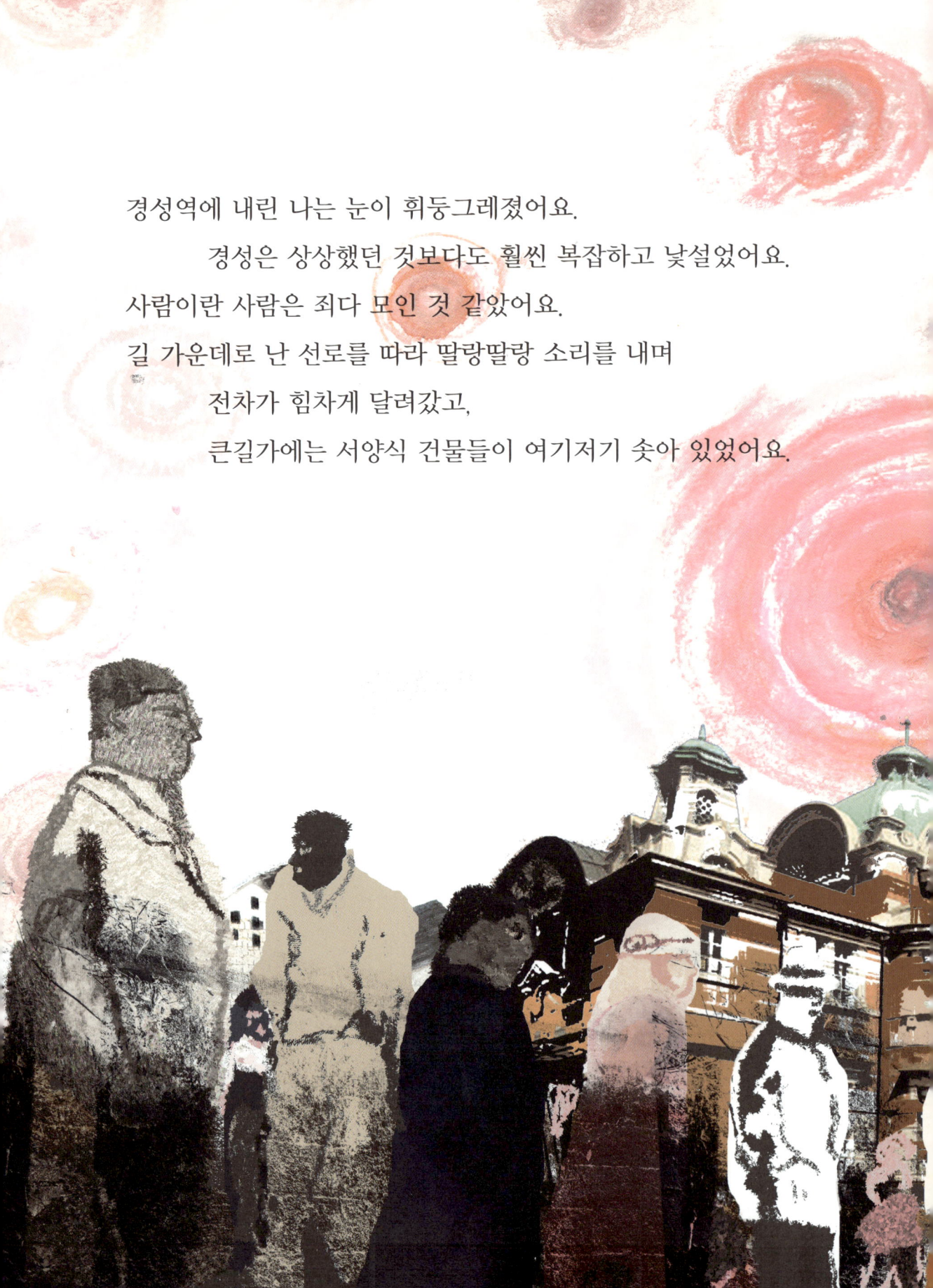

경성역에 내린 나는 눈이 휘둥그레졌어요.
경성은 상상했던 것보다도 훨씬 복잡하고 낯설었어요.
사람이란 사람은 죄다 모인 것 같았어요.
길 가운데로 난 선로를 따라 딸랑딸랑 소리를 내며
전차가 힘차게 달려갔고,
큰길가에는 서양식 건물들이 여기저기 솟아 있었어요.

나는 동대문 근처에 있는 창신동으로 가야 했어요.
그 동네에 아버지가 아시는 분이 사는데,
그 집에 신세를 지기로 했거든요.
전차를 타면 동대문까지 편하게 갈 수 있겠지만,
돈을 아껴야 하니 걸어가기로 했어요.
"창신동에 가려면 어느 쪽으로 가야 하죠?"
나는 사람들에게 물어물어 그 집을 찾아갔어요.

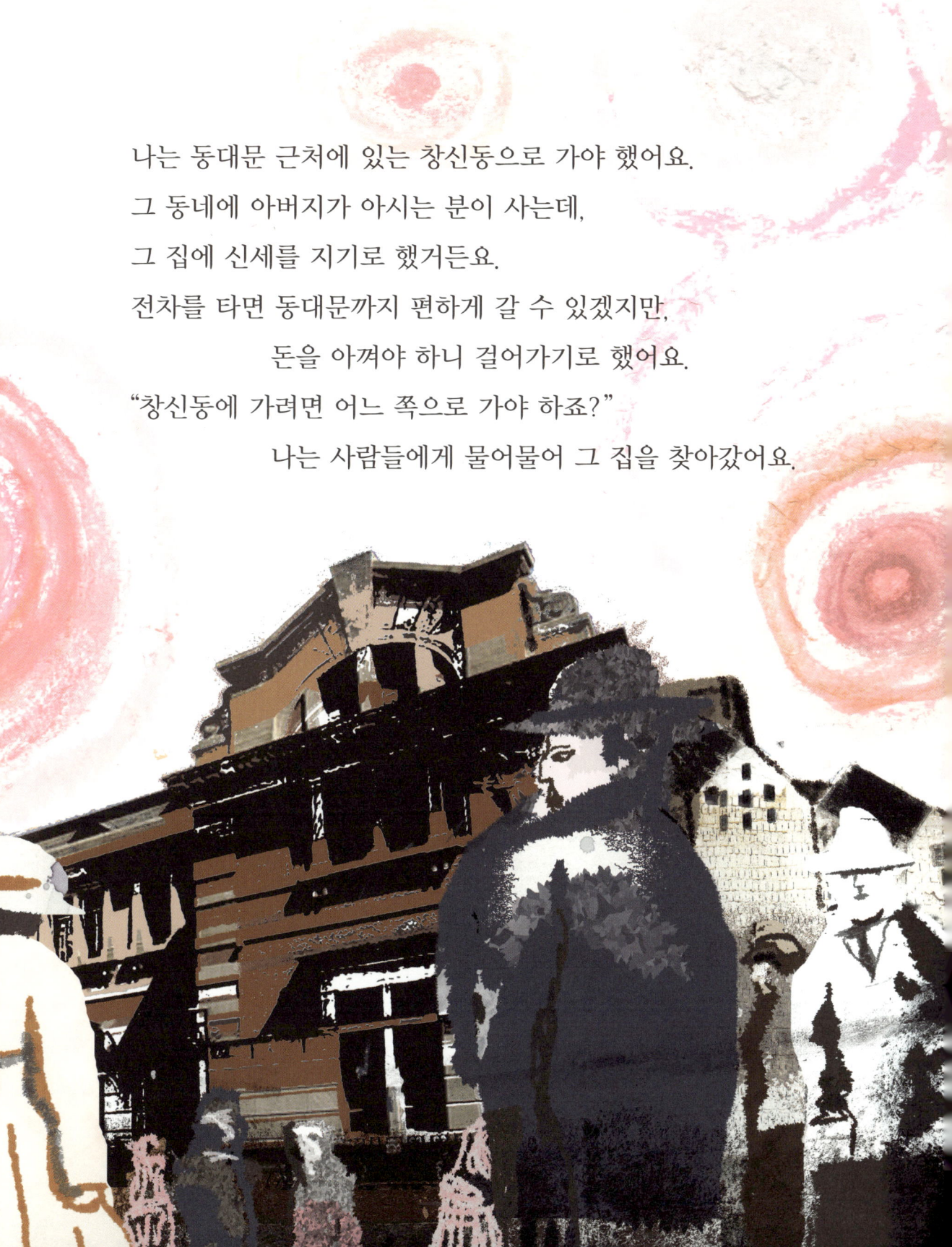

경성에 와서 얻은 첫 일자리는 경성제국대학의 청소부였어요.
얼마 뒤에는 급료가 좀 더 나은 체신국 보험관리소의 사환으로
들어갔어요.
다음 해에는 경성덕수공립상업학교 야간부에 입학했어요.
낮엔 일하고 밤엔 학교에 가는 바쁜 나날이었지요.
월급을 받으면 학비를 내고, 정말 아끼면서 생활비로 썼어요.
그리고 어떻게든 조금이라도 돈을 남겨 고향으로 보냈어요.
늘 걱정하고 있을 가족에게 몸 건강히 잘 있다는
편지를 써서 함께 보냈지요.

이런 나를 대견하게 봐주는 선생님이 계셨어요.
"어이, 촌놈!"
늘 촌놈, 촌놈 하고 불렀지만 내 어깨를 툭툭 두드려 주는
선생님의 손길이 나는 좋았어요.
   "촌놈이 경성에 올라오다니 출세했어. 안 그런가?"
"그러시는 선생님은 경성 토박이입니까?"
따지고 보면, 경성에서 나고 경성에서 자란 진짜 토박이가
얼마나 되겠어요.
"이것 보게. 말하는 투를 보니 벌써 경성 물이 단단히 들었는걸."
선생님이 껄껄껄 웃으시면 나는 마음이 편안해졌어요.

그러던 어느 날, 선생님이 은밀히 나를 불렀어요.
"김용창 군, 자네 향남 출신인가?"
느닷없이 고향을 물으시는 걸 보니, 내 학적부를 살펴보신 모양이에요.
학적부란 학생의 생년월일, 주소, 부모님 이름 따위를 기록해 놓은 서류이지요.
"네, 향남면 상두리가 제 고향입니다."
"그럼 제암리 사건을 알겠네?"
선생님께서 목소리를 낮추며 물었어요.
"제암리 교회 말씀이신가요?"
제암리 교회 사건은 나도 귓결에 듣긴 들었습니다.

"만세 운동 때 일본 경찰이 교회에 불을 질러 사람들이 죽었다고……."
내가 알고 있는 것은 이 정도뿐입니다.
내가 태어나기 전에 있었던 오래된 일이기도 하지만, 누구도 선뜻 그 이야기를 꺼내지 않았으니까요.
"고향의 역사니까 알아야겠지. 안 그런가?"
선생님은 조심스럽게 입을 열었습니다.
"만세 운동이 기미년에 있었던 건 알지?"
"네."
선생님은 1919년 3월 1일에 일어났던 만세 운동을 말씀하시는 겁니다.

"경성에서 시작한 독립 만세 운동이 온 나라로 퍼져 나갔네.
자네 고향에서도 일어났지.
　　　　발안 장터에 모인 주민들이 태극기를 들고
　　　　　　　독립 만세를 부르며 행진을 했다네.
이를 막으려고 일본 경찰이 총을 쏘았어.
주민들이 평화로운 행렬에 총을 쏘는
　　　　일본 경찰에 저항을 하자,
　　　　그들은 더 큰 보복을 했지.
수촌리, 화수리, 고주리에서
빗발치듯 총을 쏘고 집을 불태웠어.
제암리에서는 만세 운동 때 무력 진압한 것을
사과한다면서 교회 안으로 사람들을 불러 모았어.
물론 거짓말이었지.
　　　　일본 경찰은 교회 문을 걸어 잠그고 불을 질렀네.
　　　　　　밖으로 나오려는 사람들에게 총을 쏘고
　　　　　　　마구 칼로 찔렀지."
"아, 그렇게까지!"
　　　　총과 칼이 내 몸을 헤집는 듯 나는 아픔을 느꼈어요.

1910년 8월, 일본은 우리나라를 강제로 빼앗았어요.
그리고 때로는 총칼로 무자비하게, 때로는 문화를 앞세워
교묘하게 우리나라를 다스렸어요.
1937년 7월에는 중국을 침략해 중일전쟁을 일으켰고,
1941년 12월에는 미국 하와이의 진주만을 공격하면서
태평양전쟁을 일으켰어요.
그야말로 본격적인 국제 전쟁이 시작된 거예요.

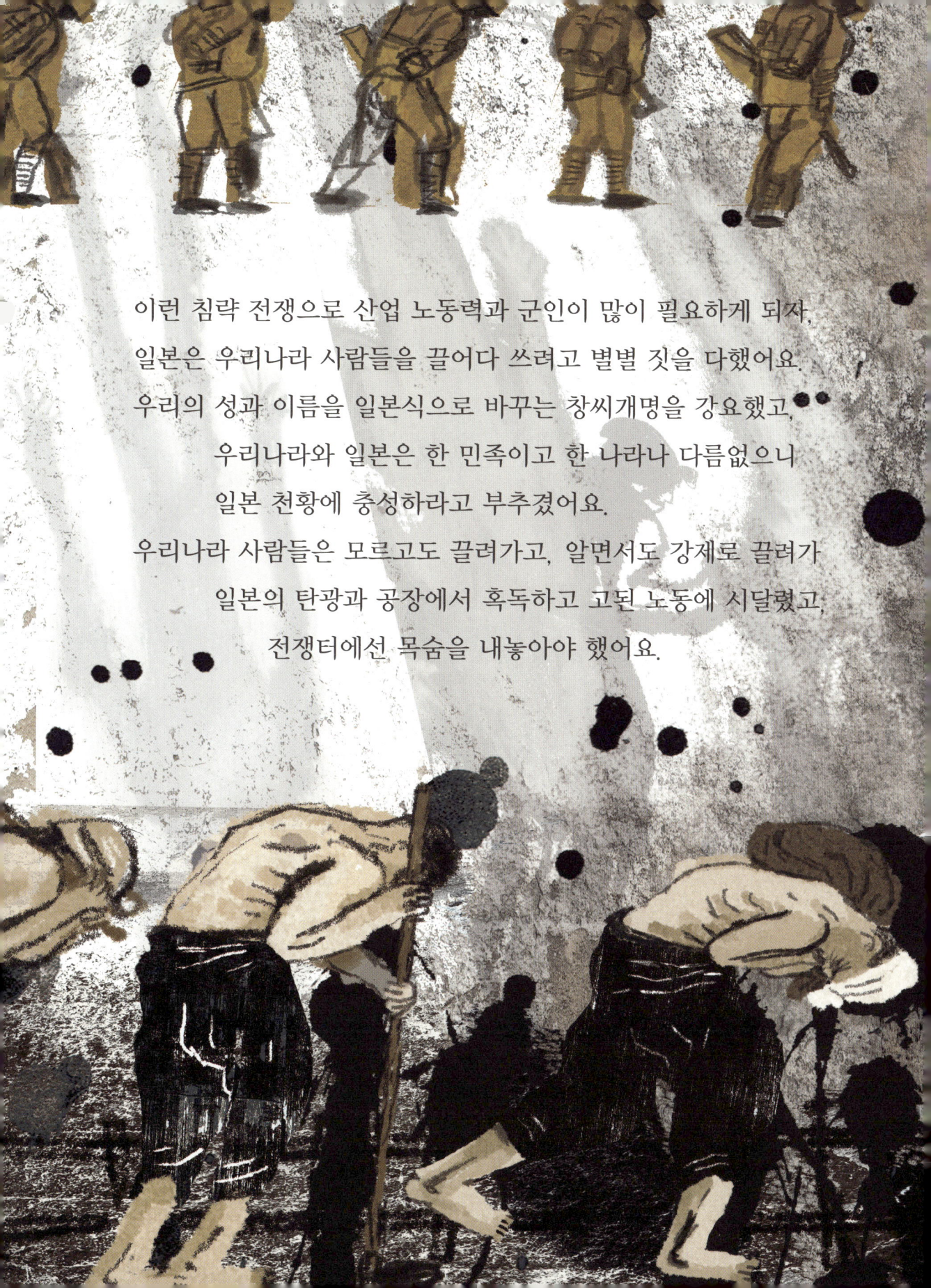

이런 침략 전쟁으로 산업 노동력과 군인이 많이 필요하게 되자,
일본은 우리나라 사람들을 끌어다 쓰려고 별별 짓을 다했어요.
우리의 성과 이름을 일본식으로 바꾸는 창씨개명을 강요했고,
우리나라와 일본은 한 민족이고 한 나라 다름없으니
일본 천황에 충성하라고 부추겼어요.
우리나라 사람들은 모르고도 끌려가고, 알면서도 강제로 끌려가
일본의 탄광과 공장에서 혹독하고 고된 노동에 시달렸고,
전쟁터에선 목숨을 내놓아야 했어요.

조선과 일본이 하나라니요!
이건 정말 말도 안 되는 소리였어요.
그들은 입으로는 일본과 조선이 하나라고 떠들었지만,
실제로는 우리나라 사람들을 철저하게 무시하고 차별했거든요.
그 무렵 내가 일하던 체신국 보험관리소에는
일본 사람과 우리나라 사람이 섞여 일하고 있었어요.
하지만 높은 자리는 모조리 일본 사람이 차지하고 있었어요.
그들은 우리나라 직원이 잠시 엽차 한 모금 마시는 것에도
핀잔을 주었지요.

"근무 시간에 뭐해? 차나 마시라고 월급 주는 줄 알아?"
연기를 폭폭 뿜으며 사무실에서 담배나 피우고 있는
일본인 직원에게는 한마디도 안 하면서요.
"콜록, 콜록."
내가 일부러 기침 소리를 낸 적도 있었어요.
손부채를 부쳐 가며 담배 연기를 쫓는 시늉도 해 보았어요.
그런데도 그들은 모른 척했어요.
중요한 문서는 일본 사람만 다루도록 했고,
우리나라 사람에게는 허드렛일만 시켰지요.

1944년 봄이었습니다.

동네마다 집집마다 개나리가 노란 꽃망울을 부풀렸고,

체신국 회색 벽에도 담쟁이가 초록 잎을 피워 내고 있었어요.

모두 퇴근한 저녁 무렵인데, 옆 사무실에서 근무하는 친구가

나를 찾아왔어요.

      무슨 고민이 있었던 것 같아요.

"나는 아무래도 어머니 국적을 따라야겠어."

그 친구의 아버지는 우리나라 사람이고,

어머니는 일본 사람이었지요.

    "조선이 독립할 가능성은 없을 것 같아."

   "당장은 그렇겠지. 하지만 조선은 반드시 독립할 거야.

      언젠가 일본에게서 벗어날 거야."

나는 그 친구에게 우리나라 옛 역사를 들려주었어요.
고구려 때에는 담징이 일본에게 불교와 유교를 전해 주고
종이와 먹 만드는 기술을 가르쳐 주었으며,
백제는 질그릇 빚는 기술과 옷감 짜는 기술을 전해 주었고,
신라는 배 만드는 기술과 저수지 쌓는 기술 따위를 가르쳐
주었다는 사실을요.
"우리가 이렇게 많은 것을 가르쳐 준 덕분에
일본은 문화를 발전시킬 수 있었던 거라네."
나는 그 친구에게 조선 역사책을 읽어 보라고 권했어요.

그래도 그 친구는 고민을 떨쳐 버리지 못한 얼굴이었어요.
"조선은 반드시 독립할 거야.
기미년 만세 운동 이후 겉으로는 잠잠해 보이지만,
독립을 향한 마음은 여전히 뜨거워.
중국과 러시아, 그리고 미국에 사는 동포들도 활발하게
독립운동을 하고 있어."
나는 무릎에 놓인 두 손을 꽉 그러쥐었어요.
그 친구는 나를 지켜보다가 슬그머니 사무실에서 나갔어요.

나는 창밖을 바라보며 생각에 잠겼어요.
'안중근 의사는 1909년 중국 하얼빈에서 이토 히로부미를
총으로 쏘았고,
이봉창 의사는 1932년 일본 도쿄에서 히로히토 천황에게
수류탄을 던졌어.
윤봉길 의사는 같은 해에 중국 상하이의 홍커우 공원에서
일본군 우두머리들에게 폭탄을 던졌지.
이분들처럼 직접 행동하지 않으면
이룰 수 있는 게 없을 거야.'

조선인들이여, 보라!

그러던 어느 날, 길에서 상업학교 친구 두 사람을 만났어요.
우리는 가까운 곳에 있는 공원으로 갔어요.
그리고 누가 먼저랄 것 없이 요즘 일어나는 일에 대해
열을 올렸지요.
"자네들 '새해'라는 시 읽어 봤나?"
　　　　"씩씩한 우리 아들들은 총을 메고 전장으로 나가고,
　　　　어여쁜 우리 딸들은 몸뻬를 입고 공장으로 농장으로 나서네.
　　　　반도 삼천리도 기쁨의 일장기 바다.
뭐, 이런 내용 아닌가?"
나도 그 글을 매일신보라는 신문에서 읽은 적이 있어요.
"세상에 이럴 수가 있는가.
작가라는 자가 일본을 위해 전쟁터에 나가라고 부추기다니!
　　　　　시인이라는 자가 오히려
　　　　　우리의 눈과 귀를 막으려 하다니!
그자는 일본인보다도 뜨겁게 천황에게 충성하자고 지껄이더군.
몸과 마음이 철저하게 일본인처럼 되어야 행복해진다나."

우리가 일본에게 나라를 빼앗긴 날이 1910년 8월 29일이니,
어느덧 34년이나 되었습니다.
이렇게 어두운 시간이 길어지다 보니, 독립을 믿지 못하고
갈팡질팡하는 사람들이 늘어나는 것 같았어요.
하지만 진실을 표현해야 할 작가들마저 양심에 어긋난 짓을
하는 것은 정말 슬픈 일이 아닌가요?

나는 목소리를 낮추고 말했어요.
"이들의 말은 거짓이야.
태평양 전쟁 이후 일본은 패망의 길을 걷고 있어.
젊은이란 젊은이는 죄다 전쟁터로 내몰고 있잖아.
심지어 학생들까지 보내려고 기를 쓰고 있어.
일본은 지금 마지막 안간힘을 쓰고 있는 거야.
일본은 이번 전쟁에서 반드시 패할 거야.
일본의 패망이 우리에게는 행복이야.
우리는 독립을 하게 될 테니까."

생각이 비슷한 친구들이 내 자취방에 모였어요.
"나는 지금 우리가 해야 할 일을 생각해 보았어."
잠시 방 밖으로 귀를 기울인 뒤 내가 입을 열었어요.
"지금 신문이나 잡지에는 우리의 눈을 가리는 글들이
쏟아져 나오고 있잖아.
우리는 이런 거짓에 맞서는 글을 쓰자."
친구들은 고개를 갸웃거렸어요.
"그런 글을 신문이나 잡지가 실어 줄 리 없잖아?"

"우리가 글을 쓸 곳은 벽이야.
벽보를 붙이는 거야.
역이나 큰길가에 있는 건물의 담벼락이면 더 좋겠지."
그 말에 다들 얼굴빛이 밝아졌어요.
"아, 그동안 왜 이런 생각을 못했지?"
"가만히 있는 것은 일본을 인정하는 거나 다름없어!"
"우리 같은 청년들이 나서야 해!"
우리는 뜻을 하나로 모은 동지가 되었어요.

조선인들이여, 보라!

지금 일본은 우리 조선인들을 이용하고 있다.

자기들이 일으킨 침략 전쟁에 끌고 가 싸우라 하고,

일본의 공장과 탄광에 끌고 가 일하라고 한다.

조선인이 끌려간 후 소식을 들은 사람 있는가.

한번 가면 죽었다는 소문만 들려올 뿐이다.

조선인들이여!

조선은 반드시 일본으로부터 벗어나야 한다.

끝까지 독립에 대한 희망을 놓지 않아야 한다.

우리는 틈나는 대로 내 자취방에 모여서 벽보를 만들었어요.
한 사람이 문장을 만들면 다른 사람은 종이에 쓰고,
또 한 사람이 문장을 만들면 또 다른 사람이 종이에 썼어요.
우리의 생각과 말을 담은 벽보들이 두툼하게 쌓여 갔어요.
뉘엿뉘엿 해가 지고 나면,
우리는 저마다 벽보를 가슴에 품었어요.

어둠이 내린 경성 시내 거리를
사람들이 종종거리며 걷고 있었어요.
전차를 타려고 우르르 달려가는 사람들 중에는
언제 그렇게 들어왔는지 나막신을 신은
일본인도 꽤 많았어요.
우리는 사람들이 많이 오가는 시장통에 숨어
있다가, 발길이 뜸해지면 얼른 담벼락으로
달려가 풀칠을 했어요.

'일본 경찰이 알기 전에 조선 사람들이
많이 봐야 할 텐데…….'
우리는 품에서 벽보를 꺼내 붙이고는
얼른 다른 방향으로 줄달음질했어요.
그러고는 또 다른 장소에 다시 벽보를 붙였어요.
우리는 밤늦도록 경성 시내를 누비고 다녔어요.

다음 날 아침엔 영락없이 거리가 시끄러웠지요.
예상했던 대로 많은 사람이 벽보 앞에 모여들었고,
일본 경찰이 구둣발 소리를 내며 뛰어왔어요.

"누구야? 누가 이따위 벽보를 붙인 거야?"
일본 경찰은 벽보를 붙인 범인을 찾는다고 여기저기 쑤시고 다녔어요.
그럴수록 우리는 더 조심스럽게 밤거리를 돌아다니며 벽보를 붙였지요.
나는 틈틈이 벽에다 직접 글을 쓰기도 했어요.
짧은 글은 재빨리 쓸 수 있었어요.
체신국 일을 마치고 학교가 있는 서소문동으로 가다가, 사람들 발걸음이 뜸하다 싶으면 슬그머니 건물 벽으로 다가갔어요.

우리는 조선인이다.

조선인에게는 기백이 있다.

우리 힘을 모아 조선 독립을 쟁취하자.

학교가 끝나고 창신동 집으로 가는 길엔
일부러 종로 쪽으로 돌아서 갔어요.
종로는 사람들로 늘 북적거리는 곳이니까요.

조선 독립 만세!

조선인들이여,

잠에서 깨어나

독립 조선을 일으켜 세우자.

1944년 5월의 그날도,
나는 일을 마치고 주머니에
 몽당연필 한 자루를 넣었어요.
오늘 내가 글을 쓸 장소는 체신국 보험관리소의
 변소였어요.
 내가 일하고 있는 곳이라 의심받기 쉬워서
 잠시 망설였지만, 사람들이 많이 드나드는
공공건물이라 지나칠 수 없었어요.

**조선 2천6백만 동포여,
자, 일어서라!
조선 독립의 때는 왔다.**

저벅저벅.
밖에서 들리는 발자국 소리가 예사롭지 않았어요.
문틈으로 내다보니, 경찰들이 무언가 찾는 듯
기웃거리고 있었어요.
'이거 큰일 났군!'
가슴속에서 두두두 방망이질을 했어요.
그때 마침 누군가 발을 동동거리며 변소로 들어오자,
경찰이 그쪽에 한눈을 파는 것 같았어요.
'지금 얼른 빠져나가자.'
나는 숨을 크게 들이마시고 마치 볼일 보고 나오는
사람인 양 허리춤을 추스르며 변소에서 나왔어요.
그리고 얼른 잰걸음을 옮기는데…….
"잡아라! 지금 나간 놈 잡아라!"
뒤에서 벼락같이 외치는 소리가 들렸어요.
나는 몇 걸음 가지 못해 체포되고 말았어요.

나는 서대문 형무소에 갇혔고, 고문이 시작되었습니다.
일본 경찰은 함께 벽보를 붙인 사람들 이름을 물었어요.
내가 입을 열지 않자 밤낮없이 매질이 계속되었어요.
그들은 나를 천장에 거꾸로 매달고,
머리 밑에는 물이 가득 담긴 양동이를 놓았어요.
"같이 벽보 붙인 사람들을 대라."
"나 혼자 했소."
　　　그들은 내 몸을 아래로 내리고,
　　　거의 숨이 막힐 때까지 머리를 양동이 물속에 담갔어요.
내 몸이 축 늘어지면 끌어 올리고 다시 물었어요.
"그 일을 시킨 사람이 있는가?"
　　　　　"없소. 나 혼자, 스스로 했소."

일본 경찰은 내 손발을 묶고 수건을 얼굴에 덮었어요.
그런 다음, 그 위에 고춧가루를 탄 물을 부었어요.
매운 물이 입과 코와 눈으로 들어갔어요.
    화끈거리고 쓰라리고 맵고…… 숨이 막혔습니다.
내가 기절하면, 몸에 찬물을 끼얹어 깨우고 또 물었어요.
"너 혼자 했을 리가 없다.
하룻밤 사이에 여러 곳에서 벽보가 발견되었단 말이다."
    백 번을 물어도 내 대답은 똑같았어요.
"혼자 했소. 나 혼자 했단 말이오!"

경성지방법원 조선총독부 판사가 나에게 물었습니다.
"이름을 말하라."
"김용창이오."
"나이는?"
"열아홉 살이오."
"하는 일은?"
"경성덕수공립상업학교 2학년 학생이오."
"피고 김용창은 평소 일본이 패망해야 한다는 말을 하고 다녔고,
징용을 반대하는 벽보를 경성 시내 곳곳에 붙였으며,
보험관리소의 변소 벽에 조선 독립의 때가 왔다는 내용의
낙서를 쓰다가 현장에서 체포되었다. 인정하는가?"
"나는 조선인이오.
조선인으로서 조선 독립을 바란다고 썼소.
마땅히 내가 할 일을 한 것이며,
내가 할 수 있는 것 가운데 가장 중요한 일을 했다고 생각하오."

판사는 나에게 국가보안법 위반죄, 일본 천황 모독죄로
징역 1년 6월을 선고했습니다.

일본 경찰은 산송장처럼 되어 버린 나를
　　　　대전 형무소로 보냈습니다.
1919년 만세 운동 이후 감옥에 넣을 독립운동가들이 많아지자,
일본은 여기저기에 형무소를 새로 지었어요.
대전 형무소도 그 가운데 하나예요.
이곳에서 나는 고문 후유증으로 괴로운 나날을 보냈어요.
매 맞고 고문 받은 상처가 더 심해졌고,
열이 높게 오르는데도 오소소 떨리면서 식은땀이 몸을 적셨어요.
　　　가끔 간수가 와서 나를 들여다보며
　　　　옆구리를 발로 툭툭 찼어요.
　　　　　　살았나, 죽었나, 살펴보는 것이었지요.
시간이 얼마나 흘렀는지 모르겠습니다.

이상하게도 온몸의 감각이 사라지는 것 같았어요.
이젠 아픈 것 같지도 않았어요.
눈앞에 보이던 것이 점점 흐릿해지며 사라지고,
귀에 들리는 것도 점점 멀어져 갔어요.
"김용창! 김용창!"
나를 부르던 간수의 목소리도
이제는 더 들리지 않았어요.

나는 1945년 4월 3일에 죽었습니다.

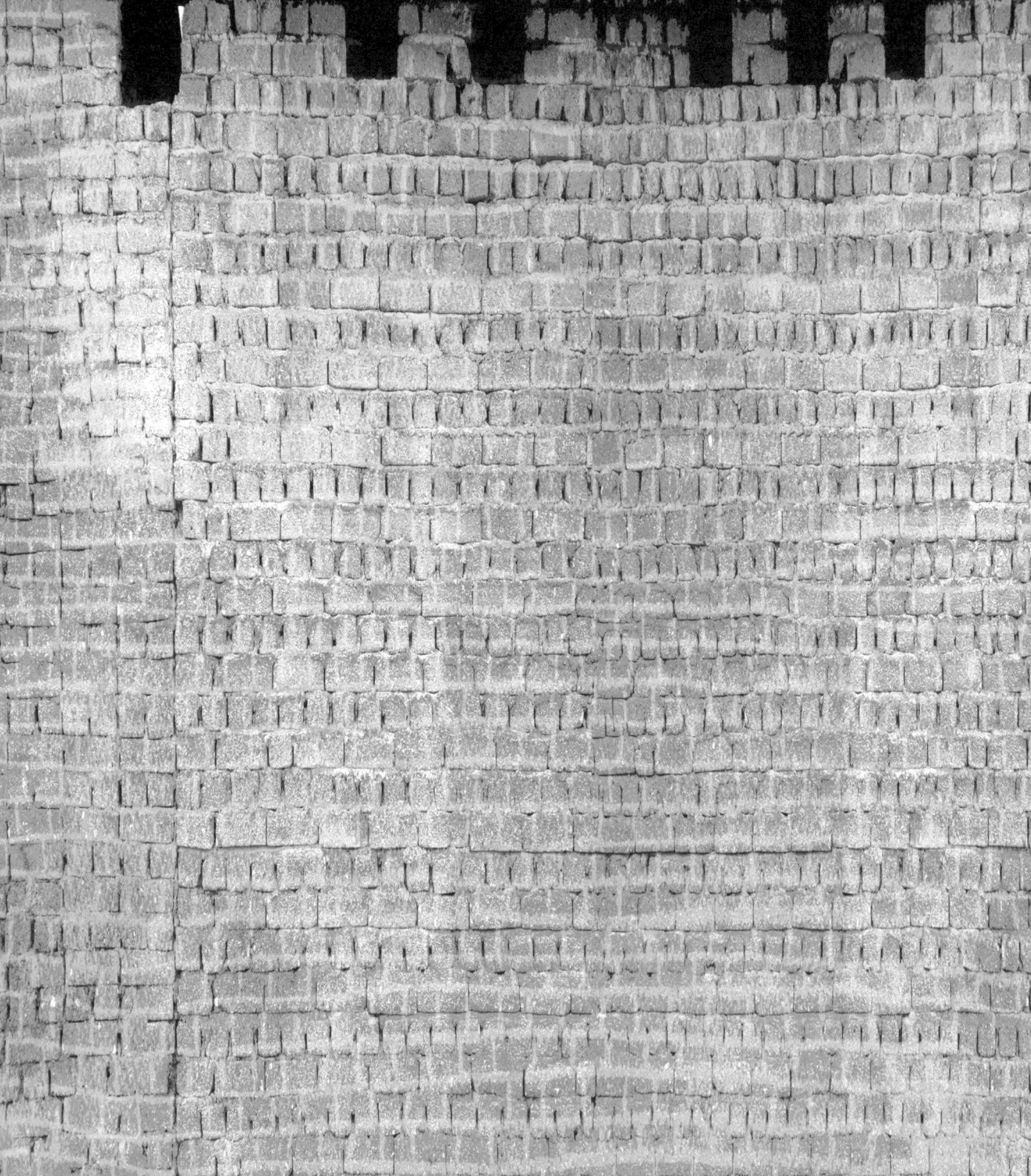

간수들은 죽은 나를 형무소 바닥에 눕혀 놓았어요.
일본 경찰은 내가 체포된 뒤 가족에게 연락 한 번 못 하게 하더니,
내가 죽고 나서도 시간을 끌었어요.
"김용창은 병에 걸려 죽은 거다.
부모에게 연락해서 시신이나 가져가라고 해."
　　　　내가 죽고 며칠 지나서 고향집으로 통지서를 보냈어요.
그제야 아버지가 부랴부랴 대전 형무소로 찾아왔어요.
"김용창이 내 아들이오. 용창이가 왜 감옥에서 죽었소?"
아버지가 간수에게 따졌어요.
간수들은 자기들끼리 미리 짠 대로 대답했어요.
　　　　　내가 나라에 큰 죄를 지어 감옥살이를 하다가
　　　　병에 걸려 죽었다고요.

"죄라니, 내 아들이 무슨 죄를 지었단 말이오?"
아들의 죽음 하나만으로도 서러운데, 아버지 가슴에는
나라의 죄인이라는 뜨거운 불도장이 찍혔습니다.
　　　　우리 부모님은 죄인의 부모가 되어 버린 겁니다.
교도소에서 죽은 자식을 집 안으로 들일 수 없다며,
아버지는 나를 이웃 몰래 동네 밖 야산에 묻었어요.
아버지는 누구에게도 나에 대한 이야기를 하지 않았어요.
　　　　다른 가족에게도 말하지 못하고 가슴속에서만 삭이다가
그만 병을 얻었어요.
　　　　아버지는 내가 죽은 지 열흘 만에 돌아가셨습니다.

아버지의 죽음과 함께 나도 사람들 기억에서 잊혔어요.
어쩌면 잊혀야 하는 사람이었다는 것이 더 정확한 표현일지도
모르겠어요.
　　　　긴 세월이 흐르면서 나는 이렇게 지워졌습니다.

내가 세상을 떠나고 50년쯤 지난 어느 날,
잊힌 독립 유공자들을 찾던 어느 학자가
경성지방법원 판결문에서 내 이름을 발견했습니다.

    피고인 김용창은 1941년 10월 경성에 와서

    경성제국대학 법문학부와 체신국 경성보험관리소

    사환으로 근무하는 한편,

    현재는 경성덕수공립상업학교 야간부 2학년생으로

    재학 중이다.

    김용창은 보험관리소에 근무하게 된 1943년 6월경부터

    조선인 근무자와 일본인 사이에 차별이 있음에

    불만을 품게 되었다.

또한 조선 역사책을 읽으면서

민족의식이 높아져

조선인은 일본에서 벗어나지 않는 한

행복한 생활을 기대할 수 없다고 생각하게 되었다.

그리하여 마음속으로 조선 독립의 시기가 찾아올 것을

희망하면서 평소 일본에 반대하는 행동을 자주 했다.

그러다가 1944년 5월 초순,

보험관리소 변소 판자벽에다 가지고 있던 연필로

독립의 때가 왔다고 써서 많은 사람들의 눈에 띄게 하여

치안을 방해한 자로······.

나는 걸어갑니다.
이제는
사뿐사뿐 걸어도 좋고
타박타박 걸어도 좋아요.
이제는
나쁜 기억을 떠올리기 싫어
마구 달리지도 않고,
일본 경찰에게 쫓기면서
허겁지겁 뛰어가지도 않아요.

독립이 된 우리나라에서
가슴을 펴고 당당하게 뚜벅뚜벅
나는 걸어갑니다.

나는 들판 사이로 난 길을 따라 관리천으로 갑니다.
관리천 냇가에는 예나 지금이나 아롱아롱 꽃들이 피어 있어요.
나는 그 이름을 하나하나 불러 봅니다.
파란 달개비꽃, 분홍 메꽃, 노란 달맞이꽃, 하얀 냉이꽃…….
질경이, 씀바귀, 민들레에도 눈을 맞추고,
강아지풀과 바랭이풀에도 손을 뻗어 봅니다.
손바닥에 전해 오는 풀들이 간지럽습니다.

하나, 둘, 셋, 넷, 다섯.
박자를 맞추듯 수를 세며 걷습니다.
여섯, 일곱, 여덟, 아홉, 열.
크게 소리내 보아도 좋고,
누구든 들어도 괜찮습니다.

관리천에는 이제 징검다리 대신
상두교라는 다리가 가로 놓여 있습니다.
이 다리를 건너면
사무치게 그리워도 올 수 없었던,
      죽어서도 돌아올 수 없었던,
우리 집에 갈 수 있겠지요.

두 갈래 길에서 고샅길로 접어들어 서른다섯 발자국이면
그곳에 우리 집이 있습니다.
집 앞에 서서 동생들을 부릅니다.
"동생들아, 내가 왔다.
먼 길을 돌아 이제 왔다.
그동안 얼마나 기다렸니?"
나는 동생들과 그 아들딸에게 말합니다.
"나는 조선에 독립의 때가 왔다고 썼단다.
연필로 쓴 희미한 글자이지만,
마치 벽에 새긴 것처럼 지워지지 않았구나."

나는 줄곧 손에 쥐고 있던 연필을 이제 후손에게
건네고 싶습니다.
우리나라의 독립을 소망하던 마음을 전하고 싶습니다.
완전하고 영원한 독립을 바라던 뜨거운 그 마음을요.

| 글쓴이의 말 |

달리는 소년, 김용창

'어쩌면 우리는 모두 기적이야.'
요즘 이런 생각을 많이 합니다. 우리 역사를 살펴보면 힘들고 어려운 일이 참 많았잖아요. 수많은 사람이 희생된 일제 강점기도 그런 비극입니다. 하지만 온갖 위험과 고통 속에서도 나라를 되찾고자 온 마음으로 애쓴 분들이 있었기에 오늘의 우리가 있는 것입니다. 그런 의미에서 우리는 모두 기적인 셈이지요.

얼마 전에 나는 우연히 《수원 사람들의 독립운동》이라는 책을 펼쳤습니다. 이 책에서 나는 '낙서 독립운동'이라는 사건을 처음 알게 되었지요. 낙서라고 하면, 아무 데나 마음대로 휘갈긴 글이나 그림을 말하잖아요. 그런데 낙서로 독립운동을 하다니요? 이런 궁금함과 호기심 때문에 계속 읽다 보니 김용창이라는 이름이 나왔어요.

유일하게 남아 있는 사진을 보니 앳된 소년이었어요. 초등학교 졸업 사진이라고 하더군요. 이 평범한 소년이 일본에 맞서 용기 있는 행동을 한 거예요. 더욱이 소년의 고향이 향남읍 상두리라는 사실을 알았을 때 나는 얼마나 반가웠는지 몰라요.

상두리는 내 고향과도 아주 가깝거든요.

나는 바로 상두리로 달려갔어요. 그랬더니 김용창 소년이 살던 집이 남아 있지 뭐예요. 게다가 이 집에는 아직도 김용창 소년의 동생이 살고 있었어요. 나는 이분에게서 형에 대한 여러 이야기를 듣고 자료도 얻었지요. 그런 다음, 나는 이 마을을 빙 둘러보았어요. 김용창 지사에게 상두리는 그립고 애달프고 안타까운 마을이었어요. 이곳에서 나고 자랐지만, 열여섯 살에 경성으로 떠난 뒤로는 영영 돌아올 수 없었거든요.

나는 마을 앞을 흐르는 관리천에도 가 보았어요. 소년 김용창이 학교를 오가며 건너던 징검다리가 보고 싶었지요. 지금 그 징검다리는 없어졌지만, 천을 따라 둑길을 걷고 있자니 책보를 둘러맨 어린 소년이 막 뛰어가는 모습이 그려졌어요. 내 이야기 속에서도 소년은 달리고 또 달립니다. 그때 그 모습 그대로 지금도 계속······.

상두리 관리천 둑길을 거닐며
한영미

김용창은 1995년 독립유공자 찾기 운동을 통해
건국훈장애국장을 받고 독립지사로 인정받았습니다.

산하작은아이들
낙서 독립운동
제1판 제1쇄 발행일 2019년 3월 15일
제1판 제5쇄 발행일 2024년 5월 10일

글쓴이·한영미
그린이·허구

펴낸이·곽혜영
주　간·오석균
편　집·최혜기
디자인·소미화
마케팅·권상국
관　리·김경숙
펴낸곳·도서출판 산하 | 등록번호·제2020-000017호
주소·03385 서울특별시 은평구 연서로26길 27. 대한민국
전화·(02)730-2680(대표) | 팩스·(02)730-2687
홈페이지·www.sanha.co.kr | 전자우편·sanha0501@naver.com

글ⓒ한영미, 2019
그림ⓒ허구, 2019

ISBN 978-89-7650-515-6 74810
ISBN 978-89-7650-600-9 (세트)

* 이 도서의 국립중앙도서관 출판시도서목록(CIP)은 e-CIP홈페이지(http://www.nl.go.kr/ecip)와
　국가자료공동목록시스템(http://www.nl.go.kr/kolisnet)에서 이용하실 수 있습니다. (CIP제어번호:CIP2019006941)
* 이 책은 저작권법에 따라 보호받는 저작물이므로 무단 전재와 무단 복제를 금합니다.
* 8세 이상 어린이를 위한 책입니다.